# le matin

Titre original de l'ouvrage: "La Mañana"
© José M.ª Parramón Vilasaló
© Bordas. Paris. 1987 pour la traduction française
I.S.B.N. 2-04-018034-6
Dépôt légal: septembre 1987

Imprimé en Espagne par
EMSA, Diputación, 116
08015 Barcelona, en septembre 1987
Dépôt légal: B-34.999-87
Numéro d'Éditeur: 785

la bibliothèque des tout-petits

Montserrat Viza · Irene Bordoy

# le matin

Bordas

Même si nous ne le voyons pas,
le soleil se lève
chaque matin.

Dès qu'il fait jour,
l'oiseau se met à chanter.

C’est le moment de se réveiller,
de s’étirer.
C’est le moment de se lever.

— Allons, debout, paresseux !

Un peu d'eau fraîche,
du savon ...

... et nous sommes prêts à bien
commencer la journée.

Quel bon petit déjeuner !
Du jus d'orange,
des tartines de confiture,
un grand bol de lait
et de céréales.

— Et maintenant c'est à toi !
C'est bon, non ?

Pendant ce temps,
la rue aussi s'est réveillée.
Les gens courent
dans tous les sens,
comme s'ils étaient en retard.

BANK
Fancy

En allant à l'école,
nous remarquons ce qui se passe
dans la rue.
Dans l'autobus, certains chantent,
d'autres bavardent,
d'autres en profitent pour dormir
encore un peu.

A la campagne,
on commence à travailler
dès les premières lueurs du jour.
C'est le moment de semer,
d'arroser.

Les animaux vont dans le pré ...
... et le soleil poursuit sa course.

C'est l'heure du marché.

53

Comme nous avons bien dormi,
nous sommes en pleine forme
et il nous est plus facile d’apprendre.

a e i o u
ai au iu ei
ou eu

Nous sortons de la classe
pour aller déjeuner.
Nous avons fait
beaucoup de choses, ce MATIN.

# la bibliothèque des tout-petits

## les quatre saisons

Asun Balzola
Josep Mª Parramón
le printemps
Bordas

Carme Solé Vendrell
Josep Mª Parramón
l'été
Bordas

Ulises Wensel
Josep Mª Parramón
l'automne
Bordas

Carme Solé Vendrell
Josep Mª Parramón
l'hiver
Bordas

## les cinq sens

Maria Rius
J.M. Parramón, J.J. Puig
la vue
Bordas

Maria Rius
J.M. Parramón, J.J. Puig
l'ouïe
Bordas

Maria Rius
J.M. Parramón, J.J. Puig
l'odorat
Bordas

Maria Rius
J.M. Parramón, J.J. Puig
le goût
Bordas

Maria Rius
J.M. Parramón, J.J. Puig
le toucher
Bordas

# la bibliothèque des tout-petits

## les quatre éléments

## les quatre âges de la vie

## un jour...

# la bibliothèque des tout-petits

## raconte-moi...

## je voyage...

## les quatre moments du jour